Rossy Evelin Lima

Translated by
Don Cellini

Migrare Mutare

~

Migrate Mutate

artepoética press

New York, 2017

Title: *Migrare Mutare ~ Migrate Mutate*
ISBN-10: 1-940075-50-5
ISBN-13: 978-1-940075-50-1

Design: © Ana Paola González
Cover & Image: © Jhon Aguasaco
Author's photo by: © Gerald A. Padilla
Editor in chief: Carlos Aguasaco
Spanish originals © Rossy Evelin Lima 2017
English translation © Don Cellini 2017
E-mail: carlos@artepoetica.com
Mail: 38-38 215 Place, Bayside, NY 11361, USA.

© *Migrare Mutare ~ Migrate Mutate*, Rossy Evelin Lima
© English translation, Don Cellini
© *Migrare Mutare ~ Migrate Mutate*, 2017 for this edition Artepoética Press

The following poems, sometimes in slightly different format, originally appeared in the e-chap-book Nacer del Agua / Born of Water published by the Ofi Press as part of the Mexican Poetry Series: "Nacer del agua / Born of Water," "El agua es mi derecho de partida / Water is my Birthri-ght," "Bahía Mosquito / Mosquito Bay," "Como el gua / Like the Water," "Agua que se rinde / Water that Surrenders, "La gota / The Drop."

inmigrar
in > lat. adentro
migrar > lat. migrare, mutare
de la raíz latina –mei (idea de cambiar y mover)
inmigrar = cambiar por dentro
Migrare Mutare

⌣

Migrate Mutate
immigrate
in> v.i. L. into
migrate > v.i. L. migrare, mutare
of Latin origin – mei (move to, change)
immigrate = change within

Índice

Rossy Lima: verbo en libertad

Esta nueva entrega poética de Rossy Lima, sabiamente titulada "Migrare Mutare" y eficazmente vertida al inglés por Don Cellini, sugiere un ascenso en las posibilidades líricas de la autora. Es obvio decir que estos 22 poemas, organizados en dos partes, resultan como un continuo referido a libros anteriores. No queremos significar un apego excesivo a determinadas temáticas y modalidades expresivas, sino que en el conjunto se dan como un entretejido complejo y sutil -aun en modos directos- de sustancias culturales, o sea, espirituales, absolutamente intransferibles.

Asimismo, se mantiene la riesgosa cercanía entre hablante o voz poética y autor, lo que tiende a conducir el discurso hacia tonos casi confesionales, aunque en las experiencias objetivas y subjetivas que se describen, el receptor pueda reconocerse. Después de todo, el receptor de poesía (preferimos ese término al de "lector") suele procurar valores artístico-estéticos que lo conmuevan, tanto emocionalmente como en cuanto a formulación de propuestas en verdad renovadoras.

Importa observar la constante invocación a una coyuntura dramática, que la protagonista lírica enfrenta con firmeza, tal vez para sostenerse como ser histórico y, al mismo tiempo, en cuanto voz de sí misma y de otros. Esa lucha, "agon", que desgarra y reconstruye sin cesar a la persona creativa, provoca cambios ("mutare") que conllevan un viaje interior, el verdadero ("migrare"). Una especie de dura y áspera dialéctica que solo puede resolverse en los empeños vitales, cotidianos, en la labor de la memoria y en la creatividad verbal.

La persona lírica se identifica como extranjera, o sea, como alguien que está y no está, que dejó su patria a la que no puede regresar y que solo la ha vivido parcialmente. Una patria incompleta que, metafóricamente, es reconstruida con base en un verso lírico-épico libremente desarrollado, pero se trata de una patria nueva, construida con elementos similares (idioma, valores de la cultura, identificación de la protagonista con siete animales símbolo de los pueblos originarios de México, etc.). Un constructo imaginario o mentefacto cuyo proceso es, sin duda, interminable.

Es evidente también que la rememoranza trae luminosidades y perturbaciones; la infancia aparece como un sostén permanente, que se adivina más que se percibe. La autora recuerda hacia adelante, esa patria que nos atrevimos a mencionar se está haciendo cada día: el tejido de Penélope, pero quien viaja sin llegar del todo es la protagonista lírica con sus voces imprescindibles.

Tiempo de crecer, de continuar creciendo. Es el tiempo que Rossy Lima genera para sí misma, mas un tiempo compartido en coyunturas generales que acechan como sombras dentro de las sombras. No habrán de demorar los frutos detonantes de ese crecimiento. Vale.

Saúl Ibargoyen
Academia Nacional de Letras, Uruguay
Miembro Sistema N. de Creadores, México

Rossy Lima: Freedom Verb

This new poetic delivery by Rossy Lima, wisely titled "Migrare Mutare" and effectively poured into English by Don Cellini, suggests an ascend in the author's lyric possibilities. It is obvious to say these 22 poems, organized in two parts, become a referred continuum to previous books. We don't want to mark an excessive attachment to determined themes and expressive modalities, but to see the grouping as a complex and subtle interweave- even in direct forms- of cultural substances, as being, spiritual, absolutely non transferrable.

Additionally, it maintains a risky closeness between the narrator or author's poetic voice and the author, which tends to guide the discourse towards almost confessional tones, even letting the receptor recognize itself in the objective and subjective experiences that are described. After all, the poetry receptor (we prefer this term to that of "reader") tends to procure artistic-aesthetic values that move him, be it emotionally as in the formulation of truly innovative proposals.

It is important to observe the constant invocation to a dramatic conjunction, which the lyric protagonist confronts firmly, maybe to sustain herself as a historic being, and at the same time, as her own voice and the voice of others. That fight, "agon", which rips and reconstructs the creative persona unceasingly. It provokes changes ("mutare") which entail an internal journey, the true ("migrare"). A sort of harsh and abrupt dialectic that could only be resolved in the vital efforts, daily, in the labor of the memory and the verbal creativity.

The lyric persona identifies herself as foreigner, meaning, someone that is and is not, who left her homeland to whom she cannot return and which she has only lived partially. An incomplete homeland, which metaphorically, is reconstructed with the foundation of a lyric-epic verse, developed freely; but this is a new homeland, constructed with similar elements (language, cultural values, identification of the protagonist with seven animals symbolizing the original Mexican nations, etc.) A construct of the archetypal mind which process is, without doubt, endless.

It is also evident that remembrance brings luminosity and distress; childhood seems like a permanent support, discerned more than perceived. The author remembers forward, that homeland we dared to mention is being made daily; Penelope's wave, but she who travels without arriving completely is the lyric protagonist with her essential voices.

Time to grow and continue growing. Is the time that Rossy Lima makes for herself, a time shared in general conjunctions which lie in wait like shadows within shadows. The explosive fruits of this growth will not delay. Vale.

Saúl Ibargoyen
Academia Nacional de Letras, Uruguay
Miembro Sistema N. de Creadores, México

Migrare

Los lugares se llevan, los lugares están en uno.
-Jorge Luis Borges

We carry places with us, places within us.

Migrate

EL AGUA ES MI DERECHO DE PARTIDA

El agua es vida y la inequívoca muerte siempre justa, la marea del espíritu y los caudales de la mente. El agua es la caricia suave con la que palpita la roca, el rayo que parte la montaña, es por eso que nuestras piernas, troncos orondos de agua viva, hacen nuestro camino entre caricias fundidas con la tierra y el reverberante futuro. El agua es la brújula de nuestro transmigrar, la razón de nuestro constante movimiento, la densidad y lo magnético de las aguas nuevas. Esta frontera es la lisura embelesadora que conjura nuestro derecho de cruzar las más feroces aguas, el parto es nuestro derecho, nuestras manos son torrentes que calmarán la sequía, porque el agua es viva vida.

WATER IS MY BIRTHRIGHT

Water is life and inevitable death always fair, the tides of the spirit and the flow of the mind. Water is the smooth caress that makes the rock throb, the lightning bolt that parts the mountain. That is why our legs, trunks of living water, make our path between caresses melded with the earth and the resounding future. Water is the compass of our transmigration, the reason for our constant movement, the density and the magnetism of new waters. This border is the enchanting smoothness that conjures our right to cross the fiercest waters; we have the right to be reborn. Our hands are streams that will calm the drought. Water is life.

NACER DEL AGUA

Nacer del agua fue un horror en vida.
Nacer de carne fue sencillo; los brazos carnosos
de unas entrañas blandas me dieron la pauta,
el corazón de mi madre navegaba hasta mi cuna de carne.

Moví mi masa de sirena,
desprendiéndome como fruto
con arrojo, con peso de fauna
biennacida, fluida y suave, cubierta de miel.
Nací niña axolotl de manos cerradas, piel de ópalo,
mi lengua diminuta como hoja de lava
le dijo al mundo 'he nacido'.

Nacer del agua fue un horror en vida,
pesadilla que reviste mi conciencia.
Estaba en el río, mi cuerpo de mujer blanda
se aferraba a un hule negro.
Por debajo sentía su corriente como garras,
dientes de coyote que me engullían,
entraba el agua verdosa por las ventanas
de mi centro de semilla.
El fluido de odio por el cual cruzaba
me ahogaba, perforándome.

Antes de entrar, yo era lucero de aurora,
el río me fue apagando la llamarada naciente
de mi boca diáfana,
ahora cerrada, ahora foránea, ahora intrusa.

Nacer del agua fue un horror en vida
fue arrancarme de un cenagal que me tragaba,
enterrar las uñas entre espinas y raíces
para alcanzar la luz del sueño, la luz que no existe.
No he podido secar el líquido de angustia
anegado en mi mirada.

Soy oscura, nací del agua
      y de la carne
pero mi canto de gota hoy crece,
mi hambre de sol es insaciable,
    y el próximo parto será de fuego.

BORN OF WATER

To be born of water was the horror of my life.
To be born of flesh was easy: fleshy arms and
some soft innards set the standard.
My mother's heart reached to my cradle of flesh

My mermaid form moved,
detaching like fruit
the weight of a well-born faun
fluid and smooth, covered in honey.
I was born an *axolotl*, closed hands, opal skin,
my tiny tongue like a leaf of lava
said to the world "I am here."

Being born of water was a horror in life,
a nightmare that my conscience revisits.
I was in the river, my body of a soft woman
floating on a black rubber raft.
From below I felt the current like claws,
coyote teeth that devoured my dignity,
the green water entered through the windows
of my heart of seed.
The fluid of hate I crossed
smothered my identity, perforating me.

Before entering, I was a dawn-bright star,
the river began extinguishing the nascent flare
of my diaphanous mouth,
now closed, now foreign, now intruder.

To be born of water was the horror of my life,
was to tear me from a quagmire swallowing me,
burying my fingernails between thorns and roots
to reach the light of a dream, a light that does not exist.
I have not been able to dry up the anguish
flooding my vision.

I am dark, born of water
        and of flesh
but my silent song drips today,
my hunger for sun is insatiable,
        next time I will be born of fire.

TANTO HE PERDIDO

Aquí está mi acento de lata
trastabillando piedra con piedra,
tintineando en la calle vacía
        del entendimiento.

¿Por qué no has perdido tu acento?
pregunta una voz ramosa,
yo sigo hablando con mi lengua
de nido fresco
        con mis labios toscos
masticando un idioma
sin tragarlo.

¿Por qué no he perdido el acento?
            Tanto he perdido.
Perdí el camino que me trajo,
el viento que me dio la espalda.
            I've lost so much
digo en un idioma
que voy rumiando
por más de una década.

He perdido la libertad
de cruzar fronteras
al compás de las mariposas,
entumida habito y me habitan.

He perdido el aullido
y el hilo que me zurcía el pecho,
dejando expuesto el corazón.

He perdido el cepillo
que me desenredaba la voluntad,
estoy enmarañada
con el yo que fui
y el yo que resisto.

He perdido el llanto,
me queda solamente
una masa caduca en el centro,
un chillido de grillo,
un océano de lacrimosas decisiones.

Con ojos perdidos voy perpetuamente,
tatuándome a tientas
las leyes que no dan consuelo,
tatuándome el *Do not enter*
de este lugar que me subleva.

¿Por qué no he perdido mi acento?
       Porque tanto he perdido.
En cada anciano busco
la sonrisa de mi abuelo,
que me espera justo detrás
de esta muralla
impenetrable,
guardando de mí sólo la memoria
de una niña que ya no encuentro.
       Porque tanto he perdido
es que dejo a mi boca
desembarcarse a su antojo,
leñar las palabras sin tregua,
entrar por puertas
que resguardan cuartos de silencio.
Le permito a mi acento tener la libertad
       que yo he perdido.

I Have Lost so Much

Here's my accent of tin
stuttering, stone on stone,
rattling in the empty street
         of understanding.

Why haven't you lost your accent?
asks a twiggy voice.
I keep speaking with my
naïve tonge
         with my earthy lips
chewing a language
without swallowing.

Why haven't I lost my accent?
         I have lost so much.
I lost my way,
the wind turned its back on me.
         I've lost so much
I say in a language
that I keep on brooding over
for more than a decade.

I have lost the freedom
to cross borders
to the rhythm of the butterflies,
I am stiff though they dwell within me.

I have lost my howl,
the thread I used to darn my chest
leaving my heart exposed.

I have lost the brush
that untangled my free will.
I'm in knots

with the me I was
and the me I resist.

I have lost my scream.
I'm left with
an expired mass inside,
a cricket chirp,
an ocean of tearful decisions.
With my eyes forever lost,
blindly tattooing myself,
laws that don't give solace,
tattooing the *Do not Enter*
of this place that riles me.

Why haven't I lost my accent?
　　　Because I have lost so much.
In each elder
I look for my grandfather's smile,
who waits for me just behind
this impenetrable
wall,
keeping only the memory
of the little girl I can't find.
　　　Because I have lost so much
I let my mouth
take off at a whim,
butcher words without a truce,
enter doors
that keep silence.
I let my accent have the freedom
　　　that I have lost.

HACIA EL SUR

En la frontera hay letreros
que señalan con una flecha
hacia dónde está México: hacia el sur.

Yo siempre corro a ponerme atrás de ellos
esperando que esa flecha
              se clave en mis pasos
esperando que esa flecha
           me haga una marca en el rostro
mientras me traspasa para seguir su rumbo: hacia el sur.

Corro a ponerme atrás de cada letrero deseando que la flecha
sea un arpón y mi pecho cristal,
que se divida en mil estelas,
esperando tragarme esa flecha
como una espina,
como un ancla.
Hacia donde está México: hacia adentro.

HEADED SOUTH

On the border there are signs,
an arrow that points
the direction toward Mexico: south.

I always run to put myself behind them
hoping that this arrow
       fixes my steps
hoping that the arrow
         will imprint itself on my forehead
while it runs on continuing its route: south.

I run to put myself behind every sign hoping that the arrow
will harpoon my crystal chest,
shattering it into a thousand trails,
hoping to swallow the arrow
like a thorn,
like an anchor.
Which direction is Mexico: within.

A VECES CONFUNDO

Me da por confundir la tierra con la madera,
el horizonte con el descanso
          y extiendo la mano
desafiando la neblina que enmudece.

Me da por confundir el miedo con los brazos
por eso me lanzo como estrella
cuando el terror de la soledad
me hace rugir las entrañas.

Confundo, todo el tiempo,
los puentes con las murallas,
aquí encontrarás mis latitudes menguadas
-cada impacto trata de detener mi paso.

A veces me da por confundir
túneles hechos de voz y miel
con el destierro.

SOMETIMES I CONFUSE

I confuse earth with wood,
the horizon with rest
        and I extend my hand
defying the fog that silences.

I confuse fear with embrace
so I launch myself like a star
when the terror of loneliness
makes my guts roar.

I always confuse doors
with walls.
Here you will find my diminished latitudes
- each impact tries to stop my steps.

Sometimes I confuse
tunnels of voice and honey
with banishment.

CADA VEZ QUE LLUEVE

Que la lluvia me inunde con su luz de rosas
con su luz de dulces fechas por venir.
Fácil es dejarse ir a borbotones
suave caída de agua sin tregua
hinchazón de la tierra y la fruta.

Que la lluvia me inunde con su luz amarilla
y se lleve de una vez
el verde musgo de mi primavera,
a gemidos confieso
que no sé de donde viene el agua
pero quiero que caiga
que inunde desde lo alto
mi cabeza de torre gris
que ablandezca mi voz de piedra
mi voz de agosto que se desvanece
como la hoja de papel
                  cincelaron por mis pasos
que la lluvia me inunde con su luz de farola
cada vez que llueve
mis nubes se disipan y se aclaran.

WHENEVER IT RAINS

Let the rain flood me with its light of roses
with its light of sweet days to come.
It's easy to let yourself go in spurts,
soft fall of water without truce
swelling of the earth and fruit.

Let the rain flood me with its yellow light
and carry away at once
the green moss of my springtime.
Moaning, I confess
I don't know where water comes from,
but I want it to fall
flooding from on high
the grey tower of my head
to soften my voice of stone
my August voice that dissolves
like the sheet of paper
                    that my steps chisel.
May the rain flood me with its streetlight.
Every time it rains
my clouds clear up and vanish.

A MI HERMANO

Yo no soy extranjero
repítelo hasta que le quede claro,
Yo no soy extranjero
mueve las manos frente a su cara
dile que te faltan dedos
para contar las vidas, los años
en esta,
                tu casa.
Yo no soy extranjero
repite con tu lengua desenredada
dile que tu madre y la suya parieron juntas
que extranjero es el que viene
de otras tierras
y tu brotaste como espiga de maíz
en una sola América.

To my brother

I'm not a foreigner
say it until is perfectly clear,
I'm not a foreigner
move your hands in front of his face
tell him you need more fingers to count the lives, the years
in this,
      your home.
I'm not a foreigner
repeat it with your tongue untangled
tell him that your mother and his mother
      gave birth together,
that the foreigner is the one who
comes from another land
and you sprouted like an ear of corn
in the only America.

LA BODEGA

En la ciudad en donde vivo
todos los caminos llevan a la melancolía.
Apenas ayer mientras caminaba,
la estructura imponente de una bodega
me cerró el paso,
y pisé profundo en la arena de un mar vacío.

El hierro fresco de la bodega
me hablaba de la brisa,
y sus paredes pintadas de verde claro
me arrullaban como olas.

Tuve que pararme muy cerca de ella
para que el aire con olor a aceite
no sembrara una daga en mi recuerdo
y así seguir viendo la espuma
en los resquicios del blanco oxidado.

No miré hacia arriba,
resulta que descubrí hace años
que el cielo es el mismo para todos,
Norte, Sur, recuerdo y realidad.

Lo que más llenó mi corazón de gozo
fue volver a escuchar la voz jadeante del mar,
el llamado seguro, presente
ante todos los sentidos
en esta enorme bodega abandonada,
se desataban las cuerdas de su voz
por entre los agujeros que erosionó el tiempo
con este generoso propósito.

Habitaban dentro varios pájaros con nido
y guardaron silencio pues conocen bien el ritual,

ellos que vuelan por las calles de esta ciudad
también han visto cómo sus caminos los llevan continuamente
a seguir la canción de una nostalgia muda.

El mar vive siempre, en donde sube la marea
el recuerdo.

THE BODEGA

In the city where I live
all roads lead to melancholy.
Just yesterday while I was walking,
the imposing structure of a store
blocked my way,
and I took a deep step into the sand of an empty sea.

The cool steel of the *bodega*
spoke to me of the breeze,
and its walls painted light green
lulled me like waves.
I had to stop close to it
so that the oil scented air
didn't plant a dagger in my memory
and keep seeing the foam
in the cracks of the rusty white.

I didn't look up
since I discovered years ago
the sky is the same for everyone,
North, South, memory and reality.

What filled my heart with joy
was to hear the voice of the sea panting again,
the sure call, present
above all senses
in this enormous abandoned store,
the chords of its voice coming untied
between the holes eroded by time
with this generous intention.

Several birds with their nests lived inside
and kept silent because they know the ritual well,
they who fly through the streets of this city

have also seen how the paths lead us continuously
to follow the silent song of nostalgia.

The sea will always live where
memory's tie rises.

ME VOY

Si tuviera que irme
si irremediablemente tuviera que irme
si forzosa, necesaria
ineludiblemente tuviera que irme
otra vez
cargando como Sísifo
esta piedra de añoranza
hacia la tierra de hogares sin historia,
           me subiría a la lancha de mi abuelo
y escondería las manos y el regreso
en la parte más oscura del manglar.

I'M LEAVING

If I had to go,
if I inescapably had to go,
if forced, necessarily,
inevitably had to leave
again
carrying this stone of yearning,
like Sisyphus
toward the land of homes without history
       I would climb into my grandfather's boat
and hide my hands and return
to the darkest part of the swamp.

TRES CORAZONES

Tres corazones llevo en el pecho,
uno de fuego
>> *tleyotl*
uno de flor
>> *yoloxochitl*
uno de agua
>> *yoloatl*

Tleyotl hace que hierva mi sangre,
>> que en el campo
se alce un círculo de salvaguardia en brasas,
Tleyotl es la lámpara incandescente,
el carbón utilizado en esta nave
que no cede el paso y avanza y avanza.

Yoloxochitl me conjura para volverme felina,
cazadora de la esencia bendita de mi pasado,
me acerca, me lleva de las fauces
y me deja perdida con las garras enterradas
en la tierra que avanza.
Yoloxochitl nunca me engaña
>> me lleva hacia el espejo.

Yoloatl Ompa Ompa en la sequía
Yoloatl Ompa Ompa entre las calles
Yoloatl Ompa Ompa mi lengua de agua
se vierte para convertirnos en peces
y comenzar de nuevo.
Yoloatl está lleno de lirios cifrados,
se acercan a él mis fluidas ensoñaciones,
Yoloatl busca mi sed más profunda
y me da una gota
>> para seguir hirviendo
>> para verterme, al fin
y en este suelo y comenzar de nuevo.

THREE HEARTS

I carry three hearts in my chest,
one of fire
                    tleyotl
one of flowers
                    yoloxochitl
one of water
                    yoloatl.

Tleyotl makes my blood boil,
            so that in the field
a circle of safeguards rises up in flame.
Tleyotl is an incandescent lamp,
the coal used by this ship
which gives way to no one, and goes on and on.

Yoloxochitl advises me to return to the feline,
huntress of the blessed essence of my past,
she approaches and carries me with her teeth,
stranded, she leaves with my claws
in the land that advances.
Yoloxochitl never deceives me
            but leads me toward the mirror.

Yoloatl Ompa Ompa in the drought
Yoloatl Ompa Ompa in the streets
Yoloatl Ompa Ompa my tongue of water
spills itself to make us into fish
and begin again.
Yoloatl is full of coded lilies,
my fluid yearnings aproach them.
Yoloatl seeks my deepest thirst
and gives me a drop
            to continue boiling
            to spill myself in this soil
and in the end to begin again.

Mutare

Sé que en este viaje llevas el corazón hecho pedazos.

-Alfredo Perez Alencart

I know that you are carrying your heart in pieces on this trip.

Mutate

COMO EL AGUA

Be like water
-Lee Jun-fan

Sé como el agua,
la seda azul y verde
       bajo la grieta del anhelo.
Sé como el agua,
el eco de selva que recorre tu oído
en fructuoso estruendo,
sé como el agua que engendra el trueno,
y al desplomarse despierta los olores de nuestra tierra.

Sé como el agua,
dulce pez de gota entre las manos
       para saciar el corazón cuarteado por la sed.
Salífero rechazo de ola
       ante la soledad y la tristeza.
Abre rutas de floresta entre el suelo
has tu sendero, con paciente caricia,
           entre el asfalto.
Alma mía, sé como el agua,
ve hacia el mundo con las compuertas abiertas
llenándolo todo de vida y caracolas.

LIKE WATER

Be like water
-Lee Jun-fan

Be like water,
blue and green silk
      below the crack of hope.
Be like water,
the echo of the forest that covers your ear
its fruitful din.
Be like water that generates thunder
and awakens the scent of our land.

Be like water, my dear soul,
a drop of sweet fish between my hands
      to satisfy the heart, quartered by thirst.
Salty rejection of wave
      facing solitude and sadness.
Open verdant routes within the soil,
with patient caresses make your path
          between the pavement.
My dear soul, be like the water,
go toward the world with the floodgates open,
filling everything with life and seashells.

Bahía Mosquito

Nos mecemos hasta dejar atrás la luz.
El cielo es una manta negra
cubierta de la arena blanca de *Sunbay*.
Nos mecemos y avanzamos como gotas de reloj.

Mis dedos se extienden
para tocar el agua tibia de la bahía,
haciendo nacer 300 millones de estrellas,
mi tacto hace que el agua arda
con una llama azul,
y bebo el agua con mi instinto de bestia,
pero no sabe a magia
no me nacen constelaciones en el pecho,
el agua sabe a llanto
y mis manos incandescentes
apuntan hacia Puerto Ferro,
hacia el hombre de 4000 años
que escondió en esta bahía
la lámpara de resplandor,
la cofradía de azules,
la lumbrera diluida
que llena el alma de calma.

Sigo tocando,
sigo estallando
en la quietud de este fuego.

El calor de mi cuerpo llama a los peces
que dibujan a mi lado
un mapa laberinto,
mis dedos les responden
perdiéndose eternamente
en la libertad
que mis ojos
únicamente contemplan.

No me hacen falta.

Voy de regreso
hacia el ruido de polvo
hacia el mundo seco,
hacia una vida
que me mantiene en el lodo,
vuelvo al gris
que jamás obedece
el encantamiento de mis pasos

Vuelvo sin manos y sin ojos
pues se han quedado
en la eterna danza azul,
apenas una excusa ha sido el laberinto.

MOSQUITO BAY

We rock until we leave the light behind.
The sky is a black blanket
covered with white sand from *Sunbay.*
We rock and move like sand in an hourglass.

My fingers stretch
to touch the warm water of the bay.
My fingers create 300 million stars,
my touch makes the water burn
with a blue flame,
and I drink the water with my bestial instinct,
because I am the drinker of stars.
It doesn't taste like magic.
No constellations are born of my chest.
The water tastes like tears
and my incandescent hands
point toward Puerto Ferro,
toward the 4000 year-old man
who, in this bay, hid
the splendid lamp,
the confraternity of blues,
the diluted luminary
which fills the soul with calm.

I keep touching,
I keep exploding
in the quietness of this fire.

The heat of my body calls the fish
that draw a labyrinthine map
beside me.
My fingers respond to them
losing themselves forever
in the freedom
which my eyes
only contemplate.

I return
to the noise of dust
to the dry world
to my life
which keeps me in the mud.
I return to the gray
which never obeys
the enchantment of my steps.

I return without eyes or hands
since they have stayed
in the eternal blue dance.
The labyrinth was only an excuse.

AGUA QUE SE RINDE

> El pueblo, el fuego y el agua
> no pueden ser domados nunca.
> *-Fictílides*

Hasta el agua se rinde,
va perdiendo su brama en la delgada corriente,
el paso distraído cambia su cauce,
voltea sus brazos y se atraganta

Hasta el agua se rinde,
cierra su boca de océano, calla,
se reviste de raíces
se esconde en el centro oscuro
y se empodrece,
se torna esmeralda y carbón y desarraigo.

El agua, como yo,
aunque es vida
                    se pudre cuando se estanca.

WATER THAT SURRENDERS

People, fire, water,
can never be tamed.
-Ficilides

Even water surrenders,
it flows losing its roar in the weak current,
distracted, it changes its course,
turns its branches and it retches.

Even water surrenders.
It closes its ocean mouth, quiets,
searches among roots,
hides in the dark center,
and becomes putrid,
becomes emerald and coal and exile.

Though it is life,
water, like me,
      rots when it stagnates.

LA GOTA

Quiero transmigrar
como gota huérfana y blanda
sobre la piedra negra,
abandonando mi esencia vidriada
suspendida entre la nube y la tierra,
como el tiempo
que reblandece mi piel
gota a gota,
mi piel de gota
mi piel que se agota
como el tiempo sin huella.

El agua es savia dulce
haciendo ondas amarillas
sobre mi rostro.

THE DROP

I want to transmigrate
like a soft, orphan drop
on the black stone,
abandoning my glazed essence,
suspended between cloud and earth
like time
softening my skin
drop by drop,
my skin of drops
my skin that dries
like time without a trace.

The water is sweet sap
making yellow waves
on my face.

GOTA DE SAL

Deja de llorar por tus raíces
ya no eres tierra,
ese ardor en las entrañas
te convirtió en hoguera.

Drop of Salt

Stop crying for your roots.
You're not of earth any more.
That burning in your guts
has made you into fire.

SI HAY FUTURO

Dentro de varias décadas
estarán dos niñas observando el paisaje,
una le dirá a la otra
-de aquí salió la abuela. ¿Pero cómo pudo
irse? yo en su lugar, jamás
me hubiera marchado.

Yo estaré sentada
en el arrullo de las ramas,
les susurraré que el secreto está
en enterrar el corazón bajo un árbol
y hacer en el aire un nido.

Yo estaré cuidándolas,
las mujeres de mis futuros,
y seré la serpiente, el quetzal,
jaguar y axolotl,
seré la tortuga y el coyote
seré la mariposa.

Hoy les enseño las oraciones
con las que podrán revivirme.

IF THERE IS A FUTURE

In a few decades,
two little girls will observe the landscape
and one will say to the other
"Grandma left from here. How could she
leave? If I were in her place
I never would have left."

I'll be seated
in the cooing of the branches,
and I'll whisper that the secret
is to bury your heart beneath a tree
and make a nest in the air.

I'll be watching over them,
these women of my futures,
and I'll be the serpent, the quetzal,
the jaguar and the *axolotl*,
I'll be the turtle and coyote,
I'll be the butterfly.

Today I teach them the prayers
so that they'll have the power to bring me back.

SERPIENTE

Navegadora de tierras ancestrales
conexión prístina entre el suelo y el universo.
Mujer Serpiente, lengua bifurcada
que pronuncia resguardadas profecías,
cascabeles de armonía que anuncian
nuestro derecho de cruzar fronteras
sin ser percibidas.
Mujer Serpiente, cambias de piel
como cambias de patrias
y renaces lozana
para crear futuros sigilosos
en la comunión de tu cuerpo
    invertebrado
                inquebrantable,
                        indivisible
aunque dejes en el camino pedazos vivos
de tu historia.

SERPENT

Traveler of ancestral lands
pristine connection between earth and universe.
Serpent Woman, forked tongue
pronouncing protected prophecies,
harmonious little bells that announce
our right to cross borders
without being observed.
Serpent Woman, you change skin
like you change homelands
and you are reborn self-assured
to create stealthy futures
in the communion of your body:
invertebrate
          unbreakable
                    indivisible
though you leave living pieces of your story
      on this path.

QUETZAL

Voces resguardadas en cientos de gargantas
luz verde y azul que perfora la angustia
con su belleza de agua y de viento.
Conjuro tu belleza mujer quetzal,
que mis ojos encuentren el vuelo
escondido en tu piel de oro y cobre,
en tus ojos de obsidiana.
El jade falso sobre nuestras mesas
se convierte en lago para que tus pies nos guíen
nos lleven hacia el vuelo interno
al que tú nos llamas.

QUETZAL

Protected voices in hundreds of throats,
blue and green light that perforates anguish
with its beauty of water and wind.
Cast off your beauty, Quetzal Woman,
so my eyes can find the flight
hidden in your gold and copper skin,
in your obsidian eyes.
The false jade on our tables
becomes lakes so that your feet would guide us,
lead us on the internal flight
that you call us to.

JAGUAR

Quiero mi piel cubierta de tus manchas negras,
mapa que revela la unificación de mis cuerpos.
Diez navajas me regalas, veintiocho dientes como navajas
y un hambre que reconozco cada día.
¿Desde qué edades existes en mi pecho?
Zurces mi espejo con mi sombra,
me alzas entre la podredumbre de mis paredes
para que las balas en el viento
no rasguen mi piel, tu piel.
Vamos de la mano por las calles
tu rugido
es mi única bandera.

JAGUAR

I want my skin covered with your black blots,
a map that revels the unification of my bodies.
You gift me with ten blades, twenty-eight teeth like blades
and a hunger that I recognize each day.
How long have you existed in my chest?
You mend my mirror with my shadow,
you lift me from these weathering walls
so that the wind's bullets
don't scratch my skin, your skin.
Let's go hand in hand through the streets,
your roar
my only flag.

AXOLOTL

Soy mis luces y mis monstruos,
en tu pecho habitan las aguas
estancadas con memorias
de pesadillas insurrectas.
Monstruos fucsia tocando la superficie y el vacío.
En tu carne acuosa y cristalina sobrevive
el testimonio de la lucha, mujer axolotl
es tu sonrisa la revelación de mis miedos
endriago hecho de miel y ceniza.
Tu sonrisa
me dice que soy yo la que teme
y soy yo la que libera.

AXOLOT

I am my lights and my monsters,
waters dammed by memories
of rebellious nightmares
dwell within your chest.
Fuchsia monsters touching the surface and the void.
In your watery and crystalline flesh
the testimony of your fight survives, Axolotl Woman.
Your smile is the revelation of my fears,
monster made of honey and ashes.
Your smile
tells me that I am the one who fears
and I am the one who liberates.

TORTUGA

Aviso cauteloso de las edades,
tu traslado es fuga, tiempo y tierra
tierra y paso, paso y fuga.
Tres mil canciones cargas en tu vientre,
con campanillas y pájaros,
con hierros y trapos.
Vas cargándonos, mujer tortuga,
en la liviana montaña de tu seno.
Voy siguiéndote hacia el mar
hacia el anuncio
que revienta las cadenas de lo que fue
y obliga al mar a tener un solo camino
hacia el futuro.

TURTLE

Cautious advisor of the ages,
your movement is flight, time, earth,
earth and step, step and flight.
You carry three thousand songs in your belly,
with bells and birds,
with rags and iron.
You carry us, Turtle Woman,
inside the airy mountain of your breast.
I keep following you toward the sea
toward the announcement
that bursts the chains of what you were
and force the sea to keep a single path
toward the future.

COYOTE

Suma de crepúsculos que aúllan
cárdeno para alzar a los pueblos,
amarillo para limpiar de las calles
la sangre.
Conjuro a la Mujer coyote,
explotando en gañidos,
anunciando el camino a la lucha,
la mujer coyote redime,
la mujer coyote se mueve entre llanos
y estepas,
sus notas largas llaman a su manada
para enfrentar nuestro destino
en solitario.
Conjuro a la Mujer Coyote,
mi piel se torna gris
cuando el sol se esconde,
abandonando la firmeza y la esperanza,
la Mujer Coyote me llama ahora,
y decreto, con mi hocico y mis patas,
el derecho,
el sagrado derecho
                de vivir en paz.

COYOTE

Sum of howling twilight,
crimson to raise up nations,
yellow to clean the streets
of blood.
I conjure the Coyote Woman,
exploding in yelps,
announcing the path to the struggle
Coyote Woman redeems.
Coyote Woman moves between plains
and steeps
with long notes calling her herd
to face our destiny
alone.
I conjure the Coyote Woman,
my skin becomes grey
when the sun hides itself,
abandoning strength and hope.
Coyote Woman calls me now,
and I decree with my nose and my paws,
the right,
the sacred right,
       to live in peace.

MARIPOSA

Transparente presencia rutilante,
eres la única muerte que promete alas,
el despertar negro y naranja de la emigración,
te conjuro, en esta jaula de soles y lunas,
en esta jaula forjada con franjas azules y rojas,
eres la única muerte que promete alas,
eres la firmeza de un vuelo libertario,
mujer Monarca,
vienes cada año para llevarme contigo,
y sin saber por qué me ves cerrar los ojos y los puños.
eres la única muerte que promete alas,
voy viviendo como poeta
entre los cañones del presente,
voy viviendo como larva
enterrándome el camino como daga,
voy soñando con el néctar de las flores
que crecen al otro lado de la frontera,
eres la única muerte que promete alas.

BUTTERFLY

Translucent shining presence,
you are the only death that promises wings,
the black and orange awakening of migration,
I conjure you, in this cage of suns and moons,
in this cage forged with red and blue stripes,
you are the only death that promises wings.
You are the strength of your free flight,
Monarch Woman.
You come each year to carry me with you,
and without knowing why, you see me close my eyes and fists.
You are the only death that promises wings.
I go on living like a poet
between the canyons of the present,
living like a larva
burying the road like a dagger.
I dream of the nectar of the flowers
that grow on the other side of the border.
You are the only death that promises wings.

BLURBS

La poesía de lima es una fuerza de vida, movimiento y transformación. En sus visiones oníricas del mundo, Migrare Mutare llega al corazón con el significado de ser inmigrante en otra tierra y en el otro lado de las fronteras geográficas y culturales. Cellini captura la melancolía esperanzadora en esta colección con traducciones expertas, transmitiendo maravillosamente los ritmos a menudo de otro mundo. Una colección poderosa, Migrare Mutare es un himno para todos aquellos que se hayan ido, se hayan encontrado, y después se hayan perdido de nuevo en otro lugar, otra existencia.

Lima's poetry is a force of life, movement and transformation. In her often dreamlike vision of the world, *Migrare Mutare* strikes at the heart of what it means to be a migrant in another land on the other side of geographical and cultural borders. Cellini captures the melancholy hope in this collection with his expert translations, wonderfully transmitting the poet's often otherworldly rhythms. A powerful collection, *Migrare Mutare* is an anthem for all of those who have ever left, found themselves, and then lost themselves again in another place, another existence.

Jack Little, Editor, The Ofi Press

SOBRE LA AUTORA

Rossy Evelin Lima, lingüista, escritora y traductora. Sus poemarios Ecos de Barro y Aguacamino han recibido el International Latino Book Award en el 214 y 2016 respectivamente. Recibió el premio Orgullo Fronterizo Mexicano por la Secretaria de Relaciones Exteriores, el premio Gabriela Mistral 2010 por la Sociedad Nacional Hispana Honorífica y el premio de Poesía Carta Altino, Italia 2015. La autora ha sido publicada en numerosas antologías y revistas literarias en España, Canadá, Estados Unidos, Argentina, Chile, Venezuela, Italia y México. Lima es fundadora de la asociacion Latinoamericana para la Cultura y las Artes, el Festival FeIPoL y la feria de libro Sin Fronteras Book Fest. Es propietaria de la editorial Jade Publishing. Rossy Lima ha realizado presentaciones estelares en la Universidad de California LA, Nueva York, La Florida y Texas.

ABOUT THE AUTHOR

Rossy Evelin Lima, linguist, writer and translator. Her poetry books Ecos de Barro and Aguacamino have recieved the International Book Award in 2014 and 2016 respectively. She received the award Orgullo Fronterizo Mexicano by the Secretaria de Relaciones Exteriores, the Gabriela Mistral award 2010 by the National Hispanic Honor Society and the Poesía Carta de Altino Prize, Italy 2015. The author has been published in numerous anthologies and literary magazines in Spain, Canada, United States, Argentina, Chile, Venezuela, italy and Mexico. Lima is founder of the Latin American Foundation for the Arts, the FeIPoL festival and the book festival Sin Fronteras Book Fest. She the founder of Jade Publishing. Rossy Lime has done featured presentations at the University of California LA, Syracuse New York, La Florida and Texas.

www.ingramcontent.com/pod-product-compliance
Lightning Source LLC
Chambersburg PA
CBHW031225090426
42740CB00007B/719